Finanzcoaching zählt

Weshalb auch du einen Profi für dein Leben verdienst

Autor:

Hartmut Noll

Dieses Buch nutzt eine in Teilen geschlechtsunspezifische Sprache zur Verbesserung des Leseflusses, ohne diskriminierende Absichten. Jede im Text erwähnte Rolle ist für alle Geschlechter gedacht. Die Wahl der geschlechtsunspezifischen Sprache ist eine künstlerische Entscheidung, die nicht die Relevanz gendergerechter Sprache mindert.

Haftungsausschluss:

Dieses Buch und die darin enthaltenen Informationen stellen keine Anlage-, Absicherungs- oder sonstigen Empfehlungen in Bezug auf finanzielle Entscheidungen oder Produkte dar. Der Inhalt dieses Buches dient ausschließlich Informationszwecken und stellt keine Beratung in Finanz-, Anlage-, Absicherungs- oder sonstigen Finanzangelegenheiten dar.

Die Leserinnen und Leser sind ausdrücklich darauf hingewiesen, dass sie vor einer finanziellen Entscheidung stets professionellen Rat einholen sollten. Der Autor und der Verlag übernehmen keine Haftung für finanzielle Verluste oder Schäden, die sich aus Entscheidungen ergeben, die auf den in diesem Buch enthaltenen Informationen basieren.

Dieses Buch

○ ist das Geschenk eines Freundes
von

____

für

____

weil:

____

____

____

○ hast Du Dir selbst gegönnt
weil:

____

____

____

Für Angela,

meine liebe Frau, die mich immer unterstützt hat, meinen Weg zu gehen und Menschen zu dienen und zu beraten, auch wenn dieser Weg manchmal steinig und schwierig war!

Für Celina,

das hier ist für dich, damit du noch einfacher als Beraterin teilen kannst, wie sehr sich dauerhaftes Coaching lohnt!

Für dich,

weil du nicht so kämpfen und ringen sollst um finanzielle Freiheit und Sicherheit, wie ich es getan habe! Du hast es leichter verdient.

"Triffst du Entscheidungen, die dich betreffen? Wenn ja, lies dieses Buch!"

Karsten Brocke, Neurowissenschaftler, Autor, Trainer

„Wichtig, kurz und korrekt. Herr Noll redet Klartext, der hilft."

Heinz Josef Menzel, Praxisinhaber, Unternehmer

„Dieses Buch ist eine echte Entscheidungshilfe für unsere Interessenten und Kunden und ein wertvolles Tool für jeden Finanzcoach."

Ralf Weerts, Erstdirektionsleiter der Vermögensberatung

„Wenn du dich mit Finanzcoaching schwer tust, lies dieses Buch!"

Jan Arlitt, Vertriebler

„Wer diese Tipps beachtet, findet einen Finanzcoach, dem er vertrauen kann und der immer mit Rat und Tat zu Seite steht."

Margita Malz, Rentnerin

„Wer Beratung so erlebt, hat nachhaltig Erfolg. Herr Noll bringt unsere Teamerfahrung hier auf den Punkt. So bilden wir aus."

Harald Kux, Direktionsleiter im Bereich Vermögensberatung

„Rechtskonformes Finanzcoaching muss anleger- und anlagegerecht sein. Hartmut Noll setzt sich für kompetente und transparente Vermögensberatung ein."

Stefan Deppe, Rechtsanwalt Banken- und Kapitalmarktrecht

„Hätte ich dieses Buch früher gekannt und früher einen solchen Finanzcoach gehabt, ich hätte noch viel mehr profitiert."

Peter Boes, Immobilienmakler

Inhaltsverzeichnis

Einleitung

"Finanzen sind Chefsache", sagt man, doch bist du Chef bei deinen Finanzen? Hat das Geld dich im Griff oder du das Thema Geld? In diesem Buch geht es um eine Entscheidung, die dein Leben verändern wird! Diese Wahl hat mein Leben auf ein völlig anderes Level gehoben und verändert es bis heute! Ein hoher Anspruch? Ein Slogan? Nein, eine Wahrheit, die dich extrem nach vorne bringen wird!

Noch ein Finanzbuch, nochmals Ratschläge eines Experten, nochmals Tipps, die oft nur Verkauf bedeuten und nur eines von dir wollen, dein Geld? Nein! Dieses Buch ist anders. Es ist anders, weil es eben genau da nicht ansetzt, sondern eben früher! Früher bedeutet, wähle zuerst, ob du zu Fuß gehen, fahren oder zielsicher und schnell fliegen willst, statt dass du die Route im Detail immer wieder in Teilen planst und verwirfst, weil sie dann doch nicht zu dir passt! Welchem Piloten nützt eine Wanderkarte oder eine Straßenkarte? Das passt nicht! Entscheide zuerst, ob du fliegen willst!

Bevor du loslegst und deine Finanzen aufbessern willst, Anlagetipps suchst, Absicherung optimierst, geht es doch in Wirklichkeit nicht um Produkte, sondern um eine grundsätzliche und wegweisende Entscheidung! Die Frage ist, wenn du auf dein Leben schaust, lässt du dich beim Thema Geld, Wohlstand und Sicherheit coachen? Hast du einen echten Trainer - mag er Coach, Finanzberater, Vermögensberater oder wie auch immer heißen - der dich unterstützt und entwickelt und trainiert, so wie du es dir wünschst und dich und deine Lebensqualität in den Mittelpunkt stellt?

Wie leichtfertig viele von uns hier doch sind! Mal ein Finanzprodukt kaufen, mal einen kennen, der Versicherungen macht, mal einen Banker kennen, der einem was empfiehlt, Tipps von Freunden und Bekannten, einige Infokanäle, Clips auf Youtube und mal googeln und am Ende steht das Lebenskonzept für deine Finanzen. Ups, das wird nicht ausreichen und den Preis, den zahlst nur einer: du. Nein, entweder du machst es richtig und wirst dein eigener bester Coach - was grundsätzlich in vielen Lebensbereichen ein Weg ist, dir bei Finanzen aber Freiheit für anderes lässt - oder du entscheidest dich wirklich, dich coachen zu lassen.

Wieso wählst du mit Bedacht deinen Arzt, deinen Fitnesstrainer, vielleicht deinen Anwalt, aber das mit den Finanzen geht schon irgendwie? Was würdest du deinem besten Freund sagen, wenn er so agiert? Wer den übergewichtigen Verwandten, Freund oder Nachbarn wegen Fitness fragt, wird wahrscheinlich nicht sein Idealgewicht erreichen, weil er eben keinen Profi fragt, auch wenn die Ratschläge noch so gut gemeint sind.

Ich bin zutiefst überzeugt, dass deine Lebensqualität mit dem richtigen Coach beim Thema Geld steigt, dass es hier aber zuerst einer Grundentscheidung bedarf. Statt das Thema immer wieder einmal nur anzudenken, denke es mit mir in diesem Buch einmal zu Ende und triff deine Wahl! Je klarer du dich für einen Weg mit einem Coach entscheidest, desto klarer kann dein finanzielles Leben gelingen! Dies gerade jetzt und immer wieder in turbulenten Zeiten, Zeiten von Krisen, Pandemien, Inflation, Kriegen, wirtschaftlichem Auf und Ab. Nie war es so nötig, dass du deinen Weg bei diesem Thema so bewusst und entschieden gehst! Nicht in blindem Vertrauen, aber mit der Entscheidung für ein echtes, lebensbegleitendes Coaching - weil du es dir wert bist!

Bin ich einseitig? Oh ja! Und ich möchte dich begeistern für die Seite eines guten Coachings, weil ich die Ergebnisse kenne, wie sie dein Leben freier und sicherer machen! Für dich und deine Liebsten! 1500 Mandanten bestätigen mir das immer wieder!

Ich arbeite seit Jahren als Vermögensberater, als Finanzcoach und ehrenamtlicher Ausbilder in diesem Bereich und darf ich ehrlich sein: Ich kann es nicht mehr hören, all diese Halbwahrheiten beim Thema Geld, all dieses Taktieren, Lamentieren und Ausprobieren beim Thema Geld! Den Preis zahlt dabei immer nur einer, nämlich du und ich glaube, es ist Zeit, dass du dich bewusst für ein Coaching beim Thema Geld entscheidest, ganzheitlich, dauerhaft, vorbei am eigenen Ego und hin zum eigenen Nutzen! Alles andere ist verschwendete Zeit, die du nicht hast, Zeit die dein Geld braucht, um für dich zu arbeiten, statt dass du nur für das Geld arbeitest!

Glaube mir kein Wort von dem, was ich schreibe, denn es ist hier meine Wahrheit! Aber reflektiere es um deinetwillen und bilde dir deine Wahrheit! Mich würde nicht überraschen, wenn wir hier in vielem übereinstimmen! Jeder hat ein wenig Ahnung beim Thema Geld, aber was kommt dabei heraus? Nun eben auch nur ein wenig Geld. Halbwissen schafft im besten Fall halbe Ergebnisse, oft nicht einmal das, in vielen Fällen sogar Verlust!

Wenn du einzelne Puzzleteile in der Hand hast, wird es Zeit, dass du das ganze Bild siehst und dann kannst du - so gecoacht - auch dein Puzzle für dich zusammenstellen, ohne das böse Erwachen, dass dann doch ein oder mehrere Puzzleteile fehlen! Coaching baut auf dein Wissen auf, korrigiert dein Halbwissen und führt dich in Handlungen!

Ich werde dir - teilweise recht plakativ - zwölf Gründe nennen, wieso du mit einem guten Finanzcoach dein Leben verändern und verbessern kannst! Und diese Gründe sind nur die Grundlage, um in das Thema einzusteigen! Warum zwölf? Musst du allen zustimmen? Nein, aber stell dich zwölfmal dieser Herausforderung und Frage!

Lies es einfach einmal so, als schautest du von außen auf dein Leben und du wirst in der Lage sein, eine der wesentlichsten Entscheidungen zu treffen! Hör nicht auf, bevor du die letzte Seite gelesen hast!

Und suche in diesem Buch kein Fachwissen, keinen idealen Expertentipp für eine Geldanlage. Das ist nicht der Inhalt und nicht das Ziel! Und dennoch kannst du dich entscheiden, den Textmarker in die Hand zu nehmen, Inhalte zu überdenken und den Mehrwert des Buches noch zu steigern, wenn du auch die Fragen im Buch direkt beantwortest, bevor du weiterliest. Acht von zehn Lesern werden die Fragen überlesen! Von denen, die die Fragen beantworten, werden nur zwei von zehn alle beantworten und dies schriftlich tun. Entscheide dich, zu diesen zu gehören!

Es hat einen Grund, dass du genau dieses Buch in der Hand hältst! Vielleicht hat es dir eine Freundin oder ein Freund, ein Bekannter, der dir etwas Wesentliches schenken möchte, gegeben, vielleicht ein geliebter Mensch, der dich liebevoll aufwecken will, vielleicht hat dich dein Stöbern oder deine Suche aber auch selbst an diesen Punkt gebracht. Wie dem auch sei, wie genial, dass du dich ernst nimmst und dich für dich und deine Finanzen interessierst und diesen Start mit mir zusammen durchgehst.

Und sieh es mir nach, wenn ich vom Berater, Coach, Vermögensberater spreche. Es mag nicht immer gendergerecht klingen, aber ich meine dich und oft ist die Bezeichnung ein feststehender Begriff, nie jedoch respektlos gemeint.

Auf geht's, lass uns nun gemeinsam mit den zwölf Coachinggründen starten! Deine Zeit, dein Buch, wir starten!

1

Was wirklich zählt

Grund Nummer 1:

Was wirklich zählt

Im Leben geht es darum, das eigene Potential zu leben, die Lebensqualität zu steigern und immer wieder auch zu erhalten, ein gutes Gefühl zu haben, das Mögliche getan zu haben, das Leben zu erleben. Nimm dir irgendein Buch über Persönlichkeitsentwicklung und immer wieder wirst du auf die wesentlichen Bereiche des Lebens stoßen. Hierzu gehört deine Gesundheit oder besser noch deine tägliche Energie, die Entwicklung deiner Persönlichkeit, dein Beruf, deine Beziehungen zu deinen Liebsten, zu Freunden, zu Mitmenschen und auch immer das Thema der Finanzen, also des Geldes.

Deine Erfahrungen lassen den Fokus hier immer wieder unterschiedlich ausfallen, dein aktueller Mangel bestimmt oft deinen Fokus, doch das Thema der Finanzen ist hier immer wieder ein essentieller Bestandteil!

Sagen wir es einfach: Hast du kein Geld, hast du keine Wahlmöglichkeiten.

In unserer Gesellschaft leiden viele der wesentlichen Bereiche darunter, wenn das Geld fehlt. Wie viel kannst du ohne Geld erreichen? Wie viel Stress gibt es in Beziehungen, wenn du nicht mit Geld umgehen kannst? Wie viele Menschen leben unter Druck und Angst, weil Finanzen ein Mangelthema sind. Mancher Hund zu Hause würde besser behandelt, wenn mehr finanzielle Freiheit da wäre, denn oft trifft unser oft unbewusster Frust diejenigen, die es am wenigsten verdienen.

Wir haben es in unseren Schulen versäumt, den Umgang mit und die Bedeutung von Geld zu erlernen.

Wir leiden darunter, dass wir oft im Tagesverlauf von unseren Finanzen getrieben sind und gar nicht dazu kommen, über das Wesentliche nachzudenken, zu tun und zu leben, was wir lieben. Wir leben wie getrieben statt berufen. Der Gegenpol hierzu ist oft eine extreme Gleichgültigkeit zum Thema Geld, doch dazu später mehr.

Tony Robbins spricht von den sechs menschlichen Bedürfnissen: Dem Bedürfnis nach Sicherheit und Herausforderung, nach Liebe und Anerkennung, nach Wachstum und dem Wunsch, einen Beitrag zu leisten. Er trifft es aus meiner Sicht extrem gut.

Ich weiß nicht, wie es dir geht, aber ich finde bei fast allen Menschen immer wieder den Wunsch nach Freiheit und Sicherheit. Beides sind Grundbedürfnisse, die wir immer wieder in unserem Leben brauchen!

Worum geht es also? Wenn du selbst immer wieder gefangen bist im Alltag oder wenn es dir gerade extrem gut geht, immer wieder ist der Wunsch nach mehr Freiheit und Sicherheit vorhanden! Hier setzt gutes Coaching an und weil es so wichtig ist, auch ganz pragmatisch beim Thema Geld!

Ein Coach für Finanzen hat immer ein doppeltes Ziel. Er möchte deine finanzielle Freiheit erhöhen und deine Sicherheit in deinem

Leben steigern! Da bekommt übrigens auch Versicherung eine ganz andere Bedeutung. Hier kann nur das Beste für dich gut genug sein! Und über Produktberatung geht dies weit hinaus.

Schluss damit, nur Opfer zu sein, alles der Politik, den Umständen, der Wirtschaftslage zuzuschieben. Coaching bei deinen Finanzen setzt bei dir an! Deine Lebensqualität in Form von Freiheit und Sicherheit zu erhalten.

Übrigens vermute ich, dass es dir so geht, wie vielen: Du brauchst jemanden, der dir hierzu die richtigen Fragen stellt. Tony Robbins sagt immer wieder, dass die Qualität deiner Fragen die Qualität deines Lebens bestimmt.

Ich sprach im letzten Jahr mit über 100 Kunden gezielt darüber. Alle sagten, sie möchten die Lebensqualität, die sie haben, gerne steigern oder weiter bewahren. Das braucht Coaching!

Übrigens entschieden sich auch alle beim Thema Geldanlage mehr für den Aspekt der Sicherheit als den der Freiheit bei der Geldanlage. Im Klartext heißt dies, ich möchte mein Vermögen aufbauen und bewahren, aber statt Gewinnmaximierung will ich die Sicherheit haben, dass mein oft hart verdientes Geld auch morgen noch etwas wert ist! Das braucht in einer Welt der Inflation und des gedruckten Papiergeldes echte Kompetenz und einen Profi, der sich bei Geld- und Sachwerten wirklich auskennt.

Lebensqualität bedeutet,

möglichst frei und sicher zu sein!

Fragen:

1. Welcher Lebensbereich ist dir aktuell am wichtigsten? Welcher steht an Platz 2?

2. Auf einer Skala von 1 bis 10: Wie frei und wie sicher fühlst du dich gerade (1 gar nicht - 10 absolut)? Woran machst du das fest?

3. Wie denkst du kann dir ein Coach helfen, finanziell freier und sicherer zu sein?

2

Wenn das Geld fehlt

Grund Nummer 2:

Wenn das Geld fehlt

Hartmut, du redest immer über Vermögen und Geld. Geld ist nicht wichtig! Anderes ist doch so viel wichtiger!

Darf ich nachfragen: Redet so ein Mensch, der Geld hat? Redet so ein Mensch, der verstanden hat, dass hier Äpfel mit Birnen verglichen werden? Welche Glaubenssätze hast du hier?

Wenn du Single bist und ständig sagst und denkst, dass dir eine Beziehung nicht wichtig ist, kannst du dann eine glückliche Beziehung haben? Wenn dein Körper dir nicht wichtig ist, kannst du dann einen gesunden Körper haben? Der Schlüssel liegt im Fokus! Was dir wichtig ist, findet Platz in deinem Leben! Deine Finanzen brauchen eine hohe Priorität, denn nur dann wirst du deine Finanzen im Griff haben können!

Menschen ohne Geld stellen Alternativen auf, denken im Mangel, sagen, "was kann ich mit meinem kleinen Gehalt schon machen?" Die Wahrheit ist, dass erfolgreiche Menschen im UND leben und nicht im ODER! Ich möchte glücklich sein UND Geld haben! Ich möchte Beziehung leben UND finanzielle Freiräume haben! Ich möchte Sicherheit UND auch genießen können. Du kannst beides haben! Wenn du nicht gecoacht wirst beim Thema Geld, wenn es dir scheinbar so unwichtig ist, dann kannst du nicht wohlhabend sein! Das Drama besteht darin, dass wir völlig unterschätzen, welche Freiräume wir uns mit unseren Finanzen aufbauen können! Es ist oft ein Weg der kleinen Schritte, messbarer Schritte, und du selbst siehst deine Entwicklung hier vielleicht gar nicht und dafür gibt es den Finanzcoach! Aufbauen, erhalten, steigern!

Fehlt dir ständig Geld, wirst du abhängig! Keiner ist da, wenn du deine Rechnung nicht zahlen kannst, du deinen Job verlierst, die Bank den Kredit ablehnt. Die Kreuzwege des Lebens gehst du immer allein. Doch bist du vorbereitet? Wenn du denkst du hast genug Geld, ist es Zeit vorbereitet zu sein für den Fall, dass dich Unvorhergesehenes trifft. Stelle in guten Zeiten die Weichen! Hast du keine guten Zeiten, dann stelle dein Verhalten dennoch um! Es dauert dann nur etwas länger!

Nennen wir ihn Peter, Peter ist Lagerarbeiter. Er war verschuldet, wie fast 8 von 10 Deutschen. Peter hatte ständig Stress beim Thema Geld. Nach einigen Jahren Coaching hat er die Marke von 50.000€ Guthaben überschritten. Das glaubst du nicht? Ja, es klingt plakativ und ich wandle es wegen Datenschutz natürlich leicht ab. Aber wenn doch, denkst du Peter fühlt sich heute stärker, selbstbewusster? Mit Sicherheit! Er hat das Gefühl vergessen, beim Einkauf nicht zu wissen, ob die Kreditkarte noch funktioniert.

Was war das Geheimnis des Coachings? Er wurde schrittweise angeleitet, bekam eine Strategie und sein Denken änderte sich.

Wenn dein Thermostat in der Wohnung auf 17 Grad eingestellt ist, wird dich immer frösteln, stellen wir es auf 20 Grad wirst du dich wohler fühlen. Peter hat seinen Umgang mit Geld und seine Haltung hier dank des Coachings geändert. Er geht anders mit Geld um und konnte sich anfangs weniger leisten, aber jetzt ist sein

Thermostat bei der richtigen Temperatur eingestellt. Er kann sparen, investieren, ausgeben und fühlt sich freier und sicherer als je zuvor.

Erfolgreiche Menschen denken UND,

nicht ODER!

Fragen:

1. Wenn du mit wenig Geld, sagen wir mit 20€, ausgehst, welche Gefühle löst das bei dir aus?

____

____

____

2. Wie viel Vermögen/Geld brauchst du, damit du dich sicher und gut fühlst?

____

____

3. Wie beeinflusst der Gedanke "Dafür habe ich kein Geld" deinen Alltag? Was würdest du anders machen, wenn sich dir diese Frage nicht stellen würde?

____

____

____

4. Was wäre die erste Frage, die du deinem Finanzcoach stellen würdest, damit du weißt, dass er dich mit deinem aktuellen Kontostand wertschätzt und fördern will? Kannst du dich hier noch ehrlicher ausdrücken?

____

____

____

3

Scheinbar genug ist nicht genug

Grund Nummer 3:

Scheinbar genug ist nicht genug

Es ist doch gut, wie es ist, oder? Viele, die dieses Buch in die Hand nehmen, haben bereits Finanzentscheidungen getroffen. Viele haben schon Geld erwirtschaftet und auch etwas an die Seite gelegt. Manche haben geerbt, manche waren sparsam. Doch reicht dies aus? Wie lange ist deine Sicherheit im Zweifelsfall angelegt?

Egal, ob du dich selbst schon für vermögend hältst oder ob dies einfach nur dein Wunsch ist, es gibt eine Wahrheit, die heute immer wieder zählt: Wenn du denkst, es läuft doch und es ist genug, irrst du dich! Dies trifft fast immer zu!

Die meisten von uns sind pleite, wenn einige Monate die Einnahmen ausfallen würden.

Wäre dein Kind oder du selbst ernsthaft krank und gäbe es unvorhergesehene Zusatzkosten, sind deine Rücklagen oft im Handumdrehen aufgebraucht.

Wir wiegen uns in falscher Sicherheit. Was will uns denn passieren? Der Staat springt doch im Notfall ein, das Geld kommt doch jeden Monat rein. Ist das wirklich so? Kurzfristig mag dies stimmen, doch wie bist du mittelfristig und langfristig aufgestellt? Geht heute der Urlaub sogar mehrfach im Jahr, was wenn die Wirtschaft einbricht oder du im Ruhestand bist? Was, wenn du etwas übersiehst? Bist du mit etwas über 60 schon alt und willst nicht mehr leben? Reicht dann plötzlich der Urlaub mit dem Fahrrad am Rhein oder möchtest du nicht dann auch noch 15, 20 oder mehr Jahre genießen?

Mittelschicht und Mittelstand reichen nicht mehr aus. Der Standard von heute kann morgen schnell Vergangenheit sein. Zu schnell kannst du finanziell abrutschen. Sage ich dir, funktioniere weiter und wenn nichts schief läuft, kommst du klar, das passt schon? Oder ist es nicht besser, du hast Reserve, Freiheit und Sicherheit, die mindestens doppelt so hoch ist, wie du es als erforderlich angesehen hast? Die Mittelschicht von heute steht oft näher am Abgrund als sie wahrhaben will.

Und wie soll ich das ändern? Du kannst gestalten!

Wie kommt es sonst, dass zwei etwa gleichalte Menschen mit gleichem Einkommen so unterschiedlich aufgestellt sind? Der eine ständig bei null oder im Minus, der andere ständig im Plus und finanziell wachsend? Ist der eine ein Verschwender und der andere ein Geizhals? Nein, das sind Klischees und greifen viel zu kurz!

Darf ich dir eine persönliche Frage stellen? Wer ist der wichtigste Mensch in deinem Leben? Wer noch? Und hast du dich dabei gerade auch genannt? Würdest du für dich und deine Liebsten nicht alles tun?

Um in Krisen zu überleben und zu leben, verdopple das, was du meinst zu brauchen! Lerne von den Reichen, wie viel sparen diese anteilig, wie gehen diese mit Geld um?

Hier setzt gutes Coaching an, hier kannst du dich trainieren lassen. Und hier ist es fatal, dies auf die lange Bank zu schieben oder zu stolz zu sein, sich durch einen Vermögensberater oder Finanzcoach begleiten zu lassen, nur weil du meinst, du hast schon einige Entscheidungen getroffen, die dich vordergründig in Sicherheit wiegen!

Wie lange ist deine Sicherheit

im Zweifelsfall angelegt?

Fragen:

1. Wenn du dein gesamtes Geld nun auf den Tisch legen würdest, alles, was du hast, wie lange könntest du dich und deine Liebsten versorgen, wenn morgen die Einnahmen ausfallen würden? Nimm die Summe und teile sie durch dein monatliches Einkommen und schau dir die Zahl an.

2. Warst du schon einmal beim Einkauf oder im Urlaub und hast gemerkt, dass du mehr ausgegeben hast, als geplant war? Wie gehst du damit um? Wie hat sich das angefühlt?

3. Denkst du, die Wirtschaft wird besser oder schlechter? Wird der Euro sicherer oder wackeliger? Wird die soziale Absicherung in Deutschland besser oder schlechter? Welche Schritte unternimmst du, um vorbereitet zu sein?

4

Wir verwechseln Sicherheit mit Versicherungsverkauf

Grund Nummer 4:

Wir verwechseln Sicherheit mit Versicherungsverkauf

Kennst du irgendjemanden in deinem Umfeld, der gerne über Versicherungen spricht? Viele meiden dieses Thema wie die Pest! Wieso also nun hier in diesem Buch dieser Quotenkiller? Weil es um deine Finanzen geht und um dein Leben und genau hier gehört es damit hin! In die Mitte dieses Buches und in die Mitte deines Lebens! Nicht ohne Grund hast du bereits bis hierhin gelesen und für deine Finanzen mitgearbeitet! Das ist übrigens beachtlich! Schrittweise baust du das Fundament für kluge Entscheidungen auf!

Wie löst du die Sicherheit von dir und deinen Liebsten? Vermögensaufbau ohne Absicherung ist wie ein Haus ohne Dach. Bei schönem Wetter ist das kein Problem. Doch was, wenn der erste Regen fällt?

Ein Finanzcoach will dein Geld vermehren, doch oft geht dies nur, wenn du angemessen für die Absicherung sorgst. Es gibt meist nur drei Arten, wie man sich absichert.

Der erste Weg ist, du machst gar nichts oder nur das, was Du selbst für notwendig hältst. Du hörst von Freunden oder Bekannten oder in irgendeinem Artikel im Internet, was wichtig sein könnte, erlebst vielleicht einen Schicksalsschlag in deinem Umfeld. Nun reagierst du und sicherst das auch irgendwie ab, vergleichst online und wählst irgendwas. Das Ergebnis ist ein Gefühl von etwas mehr Sicherheit, aber wenn es dann finanziell eng wird, ist diese Absicherung auch das erste, was du wieder kündigst. Das Ergebnis sehe ich jeden Tag: Da hat jemand den Fernseher besser versichert als sich selbst, kann aber dann mit der Rechtschutzversicherung sogar noch darüber streiten. Hilft das wirklich? Hier noch einmal die Frage, wer ist der wichtigste Mensch in deinem Leben? Und wer noch? Sollten diese dir nicht alles wert sein?

Schauen wir auf zwei anonymisierte Beispiele:

Er war selbstständiger Unternehmer und entgegen jedem Rat seines Coaches reduzierte er seinen Schutz bei Berufsunfähigkeit. Es kam was kommen musste. Eine dauerhafte Erkrankung, unfähig weiter zu arbeiten. Das war das Ende der finanziellen Freiheit! Wie nennt man Menschen, die am falschen Ende sparen? Er ist heute Sozialfall....

Ganz anders Sie: Sie überredete ihren Mann, sich für das Thema Pflege abzusichern, er willigte schließlich ein. Heute hat er Pflegegrad 5. Mitten im Leben ein Schlaganfall. Sie pflegt, wie es eben geht, hat aber eine Sorge nicht mehr, nämlich die finanzielle Sorge. Hier wurde vorgesorgt. Ich bewundere ihre liebevolle Pflege, oft bis an die Grenzen der eigenen Kraft. Fehlende Absicherung hätte hier das Fass zum Überlaufen gebracht und dieses Paar völlig überfordert.

Dieser erste Weg, einmal auf Empfehlung zu reagieren, ist oft viel zu wenig, denn viele scheitern, weil sie denken, im deutschen Sozialsystem fallen sie schon nicht durch die Maschen.

Der zweite Weg ist der des Schnäppchenjägers. Doch wie sind die Kosten hier wirklich? Ich kaufte einen Billiglaptop für das Büro. Ich war stolz, so ein Schnäppchen gemacht zu haben. Nur ein Jahr später schaffte der die neue Software nicht mehr. Heute liegt er hier in der Ecke und der zweite Laptop lehrte mich hier, nun angemessen zu investieren. Am Ende zahlte ich den viel höheren Preis. Hartmut, das war dumm! Ja, das war es. Doch wie sicherst du dich ab? Billigtarif online mit gewissenberuhigendem Vergleich in einem Portal, das du kaum kennst? Was zählt wirklich? Wieso sind Sachen wie dein Fernseher besser abgesichert als du selbst? Wieso der Mensch, dem du versehentlich Schaden zufügen könntest, ebenfalls besser als du selbst? Preis und Leistung müssen stimmen, aber ehrlich gesagt, im Zweifelsfall zählt vor allem die Leistung! Wenn es Hauptsache günstig sein soll und eine Absicherung einmal 100€ kostet und einmal 200€, was ist dann der Unterschied? Kann es sein, dass du dich auf die 200€ - Police mehr verlassen kannst und einen Coach hast, der dir hilft, wenn du dir selbst kaum noch helfen kannst? Das Leben hat Höhen und Tiefen. Wenn du Bergsteigen willst, gehst du dann zum Discounter und kaufst dein Equipment oder doch lieber im Fachgeschäft?

Die Hochwasserkatastrophe im Ahrtal ist nur ein zeitloses Beispiel, wo man den Unterschied zwischen Schnäppchenjäger und verantwortungsbewusstem Menschen bei Wohneigentum sehr schnell sehen konnte. Viele warten heute noch auf ihr Geld, nicht so die, die hier gut beraten waren.

Der dritte Weg ist der der Menschen, die Verantwortung übernehmen und sich von Profis coachen lassen. Hier ist alles, was wirklich zählt, abgesichert. Einige Fragen dazu: Wie oft fährst du dein Auto zum TÜV? Wäre es nicht sinnvoll, ebenso oft den TÜV für deine finanzielle Absicherung zu nutzen? Wie klug ist es, das Vermögen wachsen zu lassen und die alte Absicherung beizubehalten? Wie sicher ist deine alltägliche Liquidität? Was ist bei Standardleistungen im Krankenhaus, Massenabfertigung und Wartezeiten? Ist die Gesundheit dir wirklich wichtig? Keine Vorsorgevollmacht, keine Patientenverfügung und die Menschen, die du liebst, werden nicht gehört, weil ein gesetzlich eingesetzter Betreuer im Zweifelsfall alles regelt?

Man kann doch eh nicht alles absichern! Stimmt, aber das Wesentliche schon und wenn du schon mehrfach gedacht hast, eigentlich sollte das geregelt sein, dann wäre es doch nur gut, wenn ein Coach dich gerade hier begleitet. Am besten übrigens einer, der nicht nur von Versicherungen lebt und vom Verkauf dieser, sondern einer, der will, dass du und deine Liebsten geschützt sind und dass du dafür nicht übertrieben viel ausgibst. Ein Vermögensberater hat zum Beispiel dieses Ziel. Er will sicher mit dir aufbauen, verdient aber meist nicht mehr oder weniger, ob er dich absichert oder dich coacht, dein Vermögen zu vermehren. Warum sollte er dir also unnötige Absicherung verkaufen? Das würde weder für dich noch für ihn Sinn machen.

Es gibt einfache Formeln, was wichtig ist und was nicht. Es gibt einfache Formeln, was angemessen ist und was nicht. Nie gehört? Oder nur auf dem rechtlichen Stand von vor einigen Jahren gehört?

Mir sind meine Liebsten zu wichtig und meine Eigenverantwortung zu hoch, um hierauf beim Coaching zu verzichten!

Nein, mit Angst machen hat das nichts zu tun! Das Sozialsystem in Deutschland wird immer schwächer. Wenn der Staat auf dem Rückzug ist, kann es sein, dass dann hier mehr Verantwortung bei dir liegt?

Ein Kind großzuziehen, kostet in Deutschland bis zum 18. Lebensjahr meiner Meinung nach mindestens überschlägig 150.000€ bis 200.000€. Ich habe drei davon, wie viele hast du? Rechne mal, ob du diese geliebten Menschen nicht professionell begleitet absichern solltest.

Ich übernehme Verantwortung

für mich

und

meine Liebsten!

Fragen:

1. Wie viel Geld gibst du im Jahr etwa für Versicherungen aus? Welche Versicherungen sind das? Markiere nun alle, die schon länger als zwei Jahre ohne Aktualisierung bestehen, rot, und die bei denen du sicher bist, eine sehr gute Wahl getroffen zu haben, grün. (z.B.: Ist die Haftpflicht älter als 2 Jahre, dann markiere sie rot. Ist die Hausratversicherung aus Deiner Sicht eine sehr gute Wahl, markiere sie grün, wurde sie die letzten zwei Jahre nicht aktualisiert markiere Sie auch rot usw.)

____

____

____

2. Wem vertraust du die Sicherheit deiner Liebsten an? Deiner Internetrecherche? Einem Versicherungsverkäufer? Dem Staat? Einem Profi? Ist dieses Vertrauen gerechtfertigt oder was solltest du ändern?

____

____

____

3. Hast du schon einmal die Ausrede benutzt, dass Versicherungen im Zweifelsfall eh nicht zahlen? Wenn ja, woher kommt diese Meinung und wie fundiert ist sie, wenn es derzeit in Deutschland insgesamt über ca. 500 aktive Versicherungsunternehmen gibt?

____

____

____

5

Professionelles Coaching macht Sinn

Grund Nummer 5:

Professionelles Coaching macht Sinn

Suche mal in den sozialen Medien, wer sich alles als Coach benennt. Man meint fast, jeder, der nicht weiß, wie er seine Arbeit nennen soll, nennt sich heute Coach. Es scheint wie ein Hype, und es gibt viele Scharlatane, die nur eines wollen, nämlich dir Ratschläge geben, die sie selbst oft nicht leben und nur empfehlen, statt es einfach vorzuleben. Das sollst du dann oft noch teuer bezahlen.

Die falsche Reaktion wäre nun aber, Coaching grundsätzlich abzulehnen. Lass uns daher vorne beginnen:

Nehmen wir das Beispielthema Gesundheit! Neben oder vor Finanzen oft das wichtigste Gut! Jeder kann dir zum Thema Gesundheit etwas sagen. Bist du krank, bekommst du Ratschläge von Freunden und Bekannten, die alle etwas raten und vorschlagen, und oft sind diese Ratschläge mehr Schläge als Rat, denn kaum einer weiß wirklich, wie es dir geht und was du nun brauchst. Alle teilen ihr vermeintliches Wissen. Es erinnert an den Scherz, wo eine Oma meint, "diese Krankheit hatte ich auch schon, und ich kann dir sagen, entweder du stirbst daran oder du wirst verrückt." Ja, viele Tipps und Ratschläge sind da eher Halbwahrheiten und eher verrückt, denn zu dir passen sie nicht. Meine Frage an dich: Warum gehst du trotz all dieser Ratschläge und Google dennoch zum Arzt? Warum reicht das sonst nicht? Die Antwort ist, dass du für dich und deine Gesundheit einen Profi brauchst und du es dir wert bist!

Lass mich weiter fragen: Wieso haben alle Leistungssportler einen Trainer? Wieso oft sogar einen Trainer und einen Co-Trainer?

Und nun zum Thema Geld: Wieso haben viele einen Steuerberater und Finanzcoach?

Die Antwort ist aus meiner Sicht dreigeteilt:

- Ein Profi hat mehr Erfolg und kann wirklich helfen, weil er das Thema täglich spielt. Profis bilden sich ständig weiter, und gerade in der Finanzbranche ist das unerlässlich.
- Ein Coach erarbeitet individuell, was DU brauchst und leitet dich dauerhaft an. Er hat die Erfahrung. Matthias Schlicht, ein geschätzter und sehr erfolgreicher Kollege und Finanzcoach, meinte kürzlich zu mir: "Wenn du dich als Kunde drei Jahre mit Finanzen beschäftigt hast, bist du wie ein dreijähriges Kind an Erfahrung. Würdest du dich auf ein dreijähriges Kind verlassen?" Ich stockte, und er erklärte es nochmals anders: "Wenn der Interessent für Coaching sich bisher eine 3 als Note für seine Finanzen ausstellt, dann hat ihn sein Verhalten bisher auch nur bis zu einer 3, also einem befriedigend, gebracht. Wir coachen die, die in der Lebensqualität hier steigern möchten und nicht nur ein befriedigend oder ausreichend erhalten wollen."
- Du hast nicht die Zeit auszuprobieren, denn es kostet dich sehr viel Zeit, wenn du alles selbst machst, und dein Geld verliert Zeit, in der es für dich arbeiten kann. Das Thema ist zu wichtig, um damit auf den Tipp eines Freundes zu hören, mal ETFs, Aktien, Investment zu testen. Deine Freunde sind übrigens oft dann nicht mehr da, wenn dabei etwas schiefläuft und du Geld vernichtet hast.

Was ist aber nun ein guter Coach?

Hier gibt es oft viel Unklarheit und Verwirrung, und Coach ist auch nicht wirklich ein geschützter Beruf. Beim Finanzcoach ist das schon besser geregelt, denn seine Visitenkarte zeigt meist auf der Rückseite seine Zulassungen, die er hat.

Doch worauf musst du hier achten?

Ich hörte einmal, dass ich mir die Finanzen meines Coaches zeigen lassen soll, um zu sehen, dass er selbst gut mit Geld umgeht. Das ist aber eher wenig hilfreich, denn warum sollte der Coach dir seine Einkünfte zeigen, wenn es doch um dich geht, und meine Erfahrung ist, dass dies Angeber tun, aber kaum Profis. Das Anliegen dahinter ist ein anderes, nämlich einen kompetenten Finanzcoach zu finden.

Auch hier gebe ich dir zwei Regeln:

- Zahle ihm kein Honorar.

Die Diskussion um den Honorarberater ist oft im Gespräch. Es klingt hipp, leistungsorientiert und angemessen, aber wieso solltest du das tun? Stell dir vor, ein solcher Coach wird für seinen Rat von dir bezahlt. Nun coacht er dich und erarbeitet ein Konzept. Sagen wir, er sagt dir im Bild gesprochen, geh nach links. Du merkst aber, dein Weg ist eigentlich nach rechts. Du gehst deinen Weg, und er bekommt für ein unpassendes Konzept Honorar. Das ist nicht leistungsorientiert, das ist etwas, was ich nicht bezahlen will.

- Nimm einen Coach, der verdienen will!

Ja, du liest richtig! Die wollen dir alle nur etwas verkaufen? Sicher wollen sie dies auch, und bei jedem Finanzprodukt fließt in irgendeiner Art eine Vergütung. Die zahlst du beim Umsetzen einer Lösung eh. Nur fair, wenn dein Coach sich dann an die Bank, Versicherung, Bausparkasse, Investmentgesellschaft wendet und sich einen Teil davon abholt. Stell dir vor, dein Coach würde nicht an seiner Arbeit verdienen, wäre er dann motiviert, dich weiterzubringen?

Wenn dein Coach das Risiko eingeht, dich ohne Honorar individuell zu beraten, zu schauen, wo du ihn wirklich brauchst, obwohl er noch gar nicht weiß, wo er dich coachen kann und wie du dich einlassen wirst, dir dazu noch viele Tipps gibt, Vorteile zu nutzen, die er dir kostenfrei vermittelt, dann solltest du ihn nie fragen, wie er denn im Hintergrund mit Banken etc. sein Geld verdient, denn das steht ihm mehr als zu.

Übrigens, er geht oft für dich ins Risiko und haftet für die Vertragsempfehlungen, die du umsetzt. Das heißt, wenn du dich von seinen Lösungen wieder verabschiedest, haftet er oft bis zu fünf Jahre und gibt anteilig verdientes Geld an die Vertragsgesellschaft zurück. Wieso sollte ein Profi, der auch selbst verdienen will, dich also dann so coachen, dass du falsche Entscheidungen triffst? Er müsste hoffen, dass es dir über Jahre nicht auffällt. Nein, ein Profi coacht dich und verdient auch selbst an den Verträgen und Lösungen, die er dir vermittelt. Verinnerliche, dass das so ist!

Nebenbei, wenn du in deinen Finanzen wachsen willst, sicherer und freier sein willst, möchtest du dann einen Coach, der selbst nur Mittelmaß verdienen will oder einen Profi, der die gleichen Ziele verfolgt, wie du?

Ein Profi kann ein Anfänger sein! Ja, du hast richtig gelesen! Dein Finanzcoach kann ein Anfänger sein! In diesem Fall gibt es immer neben dem Trainer auch einen Co-Trainer. Lass mich das an einem Beispiel erklären. Macht ein Arzt alles selbst? Ich war vor Kurzem vorsorglich bei einer MRT-Untersuchung. Ich hatte einen Termin mit dem Chefarzt. Wann habe ich ihn gesehen? Hielt er meine Hand, als ich in die Röhre des MRT geschoben wurde? Nein! Es waren Angestellte und angehende Ärzte, die mich aufklärten, dann ein Arzt, der die Bilder mit mir ansah und schließlich der Chefarzt, der alle Daten vorliegen hatte und mich in wenigen Sätzen so coachte, dass ich eine Diagnose und Hilfe bekam.

Such dir einen Finanzcoach und achte nur darauf, dass er zu den Besten gehört! Er sollte in einem Unternehmen mit Marktmacht arbeiten, also Interessen unternehmerisch durchsetzen können. Ist er selbst noch ein Anfänger, hat er einen erfahrenen Coach, der auch dir zur Verfügung steht und im Hintergrund agiert sowie ein Team, das für dich im Hintergrund arbeitet. Er hat also einen Coach und ein Team, dieses hat einen Coach und ein Team und diese haben oft auch einen Coach und ein Team. So handhaben es starke Unternehmen in der Branche.

Marktmacht bedeutet übrigens, ein Finanzcoach sollte zu einem Konzern gehören oder unter diesem Dachverband arbeiten, denn hier gibt es oft exklusive Produktlösungen, garantierte Fachkompetenz und eine starke Präsenz im Markt! Du setzt also im Hintergrund auf die Größe, selbst wenn dein Profi noch etwas wie ein Anfänger wirken mag, weil er selbst noch recht neu im Coaching ist. Er wird dich mit seinem Coach an den Tisch bringen, kann aber viele Aufgaben schon mit dir erledigen und steht dir als Ansprechpartner oft sogar mit mehr Zeit zur Verfügung. So kannst du die Vorteile des Marktes maximal ausnutzen!

Zahle den Profi nicht extra!

Fragen:

1. Was ist für dich der wichtigste Grund für einen guten Finanzcoach?

2. Wieso solltest du kein Honorar an einen Berater zahlen?

3. Welche Rolle sollte dein Finanzcoach in einem Unternehmen einnehmen und welche Vorteile bietet dir das? Wie wichtig ist es dir, dass dein Finanzcoach zu einem sicheren Unternehmen oder Konzern gehört und dass er selbst gutes Geld verdient?

6

Es muss einfach sein, sonst geht es einfach nicht

Grund Nummer 6:

Es muss einfach sein, sonst funktioniert es einfach nicht

Wenn du sicherer und freier sein willst und deine Finanzen im Griff haben möchtest, muss dein Coach es einfach machen. Ich frage meine Mandanten immer wieder, ob sie die Informationen detailliert und komplex haben möchten, oder lieber einfach und vielleicht sogar spielerisch. Neun von zehn sagen, sie bevorzugen die einfache Variante! Hier ist die Definition von "einfach" wichtig. Einfach im Kontext von Finanzcoaching und Vermögensberatung bedeutet, dass du es einfach verstehen kannst, und wenn du es bis ins Detail prüfst oder prüfen lässt, ist es dennoch bis in die Tiefe und jedes Detail durchdacht.

Wie war es bei deinem letzten Autokauf? Hast du alle technischen Details studiert? Hat der Berater mit dir eine Stunde unter der Motorhaube verbracht, oder war es einfach, weil du die Kompetenz der Marke Audi, BMW, Mercedes, Tesla, Ford oder einer anderen Marke nicht in Frage gestellt hast? Niemand musste dir einen Airbag erklären; es reichte zu wissen, dass dieser eingebaut ist.

Wie viel kannst du dir merken? Willst du Informationen, die dich belasten, oder willst du einfach freier und sicherer sein? Einfache Bilder helfen. Es gibt eine einfache Formel für finanzielles Glück, es gibt einfache Bilder für den Vermögensaufbau, einfache haptische Hilfen, die es für dich bildhaft machen. Das zeichnet professionelles Coaching aus. Ein Finanzcoach bietet dir einfache Wahlmöglichkeiten. Vermögensberatung wird zum Erlebnis, weil du es genießen kannst, dich weiterzuentwickeln. Dein Coach macht es einfach und transparent. Du konzentrierst dich auf dich und dein Leben und deine Stärken.

Nebenbei erwähnt: Warum spreche ich mal vom Finanzcoach und mal vom Vermögensberater? Der erste Begriff unterstreicht die Wichtigkeit von Coaching, aber der Begriff Vermögensberatung trifft es manchmal noch besser, weil es um dein Geld geht. Er zeigt, dass du mit Beratung Vermögen aufbauen kannst. Vermögensberatung schätzt insbesondere deine Situation und die Perspektive, was erreichbar ist!

Als ich das erste Mal in Paris war, bin ich auf den Eiffelturm gestiegen und habe mir einen Überblick verschafft. Danach konnte ich die Stadt im Detail erkunden, ohne jede Straße ablaufen zu müssen. Finanzcoaching ist wie der Überblick, und dann kannst du die Details erleben und genießen und hast die Wahl, wohin du dich bewegst.

Und was heute immer wichtiger wird: Einfach bedeutet auch technisch und digital einfach. Finanzprofis coachen dich im Büro, aber auch online, mit der Möglichkeit Daten hochzuladen, einer App für die Finanzen, der Möglichkeit der Fernunterschrift, egal wo du gerade in der Welt unterwegs bist.

Einfach ist nicht oberflächlich,

sondern so gestaltet,

dass du es selbst verstehst!

Fragen:

1. Bevorzugst du Komplexität oder Einfachheit? Warum?

2. Denke an deinen letzten größeren Einkauf: Hast du jedes Detail besprochen oder reichten dir die Vorteile und das Wissen, dass du dein Ziel erreichst?

3. Wann überfordern und ermüden dich Informationen? Wenn sie einfach gehalten sind oder wenn sie kompliziert erscheinen? Wann hast du schon einmal nichts unternommen, weil es einfach zu kompliziert wirkte?

7

Zögern vernichtet Geld und Sicherheit

Grund Nummer 7:

Zögern vernichtet Geld und Sicherheit

Es gibt nur einen Moment, den du wirklich bestimmen kannst. Gestern ist Geschichte, morgen ist noch nicht erreicht, aber du lebst heute und kannst heute entscheiden.

Wenn wir darüber sprechen, dass du dir irgendwann einmal einen Coach für deine Finanzen suchen wirst - vielleicht oder eventuell - dann bist du in den meisten Fällen in der Falle! Die entscheidende Frage ist: Arbeitet die Zeit für dich oder gegen dich?

Nehmen wir ein Beispiel: Du arbeitest und verdienst in einem gewissen Zeitraum 10.000€. Nun möchtest du diese anlegen. Ist das Beispiel zu groß oder zu klein? Dann streiche oder ergänze ein oder zwei Nullen. Es geht um das Prinzip: 10.000€ für 15 Jahre angelegt bringen bei nur 3% schon einen Gesamtbeitrag von 15.674€. Zögerst du ein Jahr und legst dann für 14 Jahre an, dann reden wir über nur noch 15.211€. Nehmen wir das gleiche Beispiel jedoch 10.000€ mit 4% auf 20 Jahre, so reden wir über 22.225€ und bei einem Jahr weniger Zeit nur noch über 21.355€.

Das ist die Magie des Zinseszinseffektes. Was hier geschieht bei jedem Jahr länger und höheren Renditen, nimmt jeden Zweifel am Sinn einer guten Strategie. Die Renditen wurden bewusst recht klein gewählt. Ich möchte nur, dass du das Prinzip verstehst. Wenn Geld auf der Straße liegt, hebst du es auf? Jeden Euro! Und hier lässt du es liegen?

Kombinierst du solche Lösungen noch mit Absicherungen, etwa indem bei regelmäßigem Sparen im Fall der Berufsunfähigkeit für dich weiter gespart wird, dann musst du wissen, dass jeder Monat später, um den du ja dann älter bist, mehr Geld kosten kann. Je älter du bist, desto teurer kann es werden, deine Person abzusichern. Im Alter sind wir eben statistisch öfter krank als in jungen Jahren.

Zinseszins wurde oft schon als das achte Weltwunder bezeichnet. Die eigentliche Aussage ist: Arbeitest du nur für dein Geld oder arbeitet es pfiffig für dich? Du kannst es dir kaum leisten hier auszuprobieren, denn in der Zeit, in der du testest, ausprobierst, korrigierst, macht der Finanzprofi für seinen Mandanten schon Gewinne!

Zögern vernichtet Geld! Während ich dies schreibe, haben wir in Deutschland die höchste Inflation, an die ich mich erinnern kann. Was bedeutet das konkret? Nehmen wir 6% Inflation als Beispiel. Ein Kunde wollte gestern 80.000€ anlegen. Was, wenn er wartet? In einem Jahr bekommt er dafür noch Waren im Gegenwert von 75.200€, in 2 Jahren noch Waren im Wert von 70.688€. Was für ein Verlust und auch was für ein Risiko, das Geld einfach liegen zu lassen, denn wie sicher ist der Euro heute und morgen? Das sind Fragen, die du mit einem Finanzcoach besprechen kannst und für die du einen Profi verdient hast.

Was auch finanzielle Sicherheit schafft, ist es, dich und deine Liebsten abzusichern. Würdest du nicht alles tun, damit es ihnen gut geht? Es gibt Gesundheitsrisiken, die man unbedingt absichern sollte. Was nützt es, viel Gewinn zu machen, der dann schnell wieder weg ist, wenn dir oder deinen Liebsten etwas passiert? Doch lass es uns konkret sagen: Mit jedem Tag, den du lebst, steigt dein Risiko, krank zu werden!

Nennen wir ihn Peter, Peter war kerngesund, wollte über seine Absicherung seines Einkommens aber noch in Ruhe nachdenken und meinte, die Zeit fehle ihm hierfür die nächsten 6 Monate. Als wir uns wieder sprachen, hatte er sich nur einmal den Rücken verdreht und einige Therapiestunden wegen eines überraschend und unerwartet erlebten Traumas gegönnt. Er musste sich zum ersten Mal wirklich um seine Gesundheit kümmern. Nun dafür sensibilisiert bat er um seine Absicherung. Wie stuft ihn nun eine Versicherung ein nach Physiotherapie und kurzer Psychotherapie?

Verliere mit deinem Geld und deiner Sicherheit keine Zeit! Wenn du Finanzen besser lernen willst, lerne es mit einem Profi, aber verzögere es nicht unnötig!

Ein Wort zum Schluss dieses Kapitels: Lass dich im Coaching nicht hetzen! Ein Profi geht dein Tempo mit und macht hier keinen Druck! Er begleitet und hält dich im Entscheidungsprozess, bis du dich um dich, deine Liebsten und deine Finanzen gekümmert hast.

Arbeitet die Zeit für dich

oder gegen dich?

Fragen:

1. Welche drei Risiken hast du in diesem Kapitel gefunden, die du eingehst, wenn du dein Finanzcoaching auf die lange Bank schiebst?

____

____

____

____

2. Hand aufs Herz: Wie viel Geld hast du in den letzten 10 Jahren verloren, weil du kein Finanzcoaching hattest und du nichts getan hast oder nur ausprobiert hast? Überschlage doch einmal, was aus 100€ monatlich geworden wäre, wenn du diese 10 Jahre bei nur 3% gespart hättest. Was hättest du lieber mit diesem Geld heute getan?

____

____

____

____

3. Wie gesund sind du und deine Liebsten? Frage deine Krankenkasse einmal, ob sie dir deine/eure Akte(n) der letzten fünf Jahre schicken können, was dort abgerechnet wurde. Welche Schritte sind nun für dich und deine Liebsten sinnvoll?

____

____

____

____

8

Weil du die Fernbedienung in der Hand hältst

Grund Nummer 8:

Weil du die Fernbedienung in der Hand hältst

Da sitze ich tatsächlich einmal mit der Familie vor dem Fernseher und wer hat die Fernbedienung? Mein Sohn! Wer hätte sie gerne? Natürlich ich und schon merke ich, wie ich argumentiere und mitrede, was wir schauen. Nicht nur, weil ich etwas anderes ansehen möchte, oder weil ich darauf achte, ob der Film gut für die Kinder ist, nein, es gibt etwas, was viele von uns wünschen. Das, was ich meine, ist Kontrolle. Ich kontrolliere gerne, wie Dinge ablaufen, wie mein Tag verläuft, wie die Firma läuft, und Kontrolle und das Messen von Ergebnissen sind hierbei ein möglicher und oft sinnvoller Weg. Niemand wird gerne nur kontrolliert, sondern wir alle bestimmen gerne mit. Wer hat aber nun die Fernbedienung bei deinen Finanzen in der Hand? Es ist ein Unterschied, ob man dir diese abnimmt oder sie dir erklärt und den guten Gebrauch begleitet.

Wer liest schon 100 Seiten Handbuch für eine Fernbedienung? Komplexe Technik und gefühlt 1000 Knöpfe und eigentlich nutzt du in der Regel vielleicht drei oder fünf davon. Stell dir vor, du merkst auf einmal, was du mit dieser Fernbedienung alles noch machen kannst, Surfen im Netz, Videos im Netz, Bilder online hochladen, Abonnements koordinieren und noch viel mehr.

Viele halten ihre alte Fernbedienung mit 10 Knöpfen bei den Finanzen in der Hand und haben Angst vor einer komplexen Fernbedienung, die plötzlich Felder wie Fonds, ETF, Bonds, Renten, Volatilität etc. hat. Noch schlimmer, viele halten die neue komplexe

Fernbedienung in der Hand und haben keine Ahnung, wie sie damit hinsichtlich ihrer Finanzen richtig umgehen.

Warum schreibe ich das? Du brauchst in einer immer komplexeren Welt mit komplexeren Herausforderungen bei der Absicherung jemanden, der dich anleitet! Damit deine Lebensqualität gelingt, damit du sicher aufgestellt bist.

Und die zweite Botschaft: Nimmst du dir einen Finanzcoach, dann wird er dir immer die Fernbedienung lassen und dich anleiten! Oder lässt du dir die Fernbedienung gerne abnehmen und willst, dass andere für dich bestimmen und du kannst nur zuschauen? Wenn du andere machen lässt, das nennt man Maklervollmacht. Was ich empfehle, ist, dass du einen Coach wählst, der dich anleitet und nicht einen Cent deines Geldes von links nach rechts bewegen darf, ohne dass du dem zugestimmt hast. Dann drückst du den Knopf der Fernbedienung, weil du verstanden hast, was du tust!

Hast du die Kontrolle über deine Finanzen?

Fragen:

1. In welchen Lebensbereichen hast du gerne die Kontrolle? Wo ist es dir wichtig, die Fernbedienung in der Hand zu haben?

____

____

____

____

2. Welche entscheidenden Vorteile kann es für dein Leben haben, wenn du gecoacht wirst und die Möglichkeiten des Finanzmarktes wirklich verstehst?

____

____

____

____

3. Welche Knöpfe deiner Fernbedienung machen dir eher Angst: Welche Finanzprodukte verstehst du nicht und wo bräuchtest du eine einfache Erklärung, damit du entscheiden kannst, ob das für deine finanzielle Freiheit und Sicherheit sinnvoll sein könnte? (z.B. Aktienfonds etc.)

____

____

____

____

____

9

Nutze Finanzcoaching, weil man hier auf deine Empfehlung zählt

Grund Nummer 9:

Nutze Finanzcoaching, weil man hier auf deine Empfehlung zählt

Das ist deine Sicherheit! Das ist deine Garantie für gute Beratung! Nicht Honorarzahlungen bieten Sicherheit, sondern ein Coach, der das Beste gibt und dich fragt, ob du ihn und seine Arbeitsweise aktiv weiter empfehlen kannst!

Wen empfiehlst du weiter? Den, von dem du begeistert bist und der dir den Durchblick verschafft und deine Lebensqualität steigert! Wir empfehlen Autohäuser, Restaurants, Urlaubsorte - warum nicht auch einen guten Berater!

Wenn dein Finanzcoach so gut ist, dass du ihn zu deinen Freunden und Liebsten schickst, dann kannst und darfst du mit diesen darüber reden! Er wird ihnen nichts zu deiner Finanzsituation erzählen, denn er ist ähnlich einem Arzt unter Schweigepflicht, aber du darfst es teilen!

Wieso ist das deine Sicherheit? Zwei Gründe hierfür: Stell dir einmal vor, er berät einen deiner Freunde falsch, gibt nicht sein Bestes oder berät schlecht. Wer weiß es Minuten später? Richtig, du! Gute Finanzberater haben Netzwerke von Empfehlungen und die, die diese Empfehlungen ausgesprochen haben, reden darüber. Wenn Peter falsch beraten wird, sagt er es Paul, der ihm den Berater sandte, der sagt es Eva, die ihm den Berater sandte usw. Ist das nicht eine enorme Sicherheit? Ein Berater, der mit persönlicher

Weiterempfehlung arbeitet, würde durch nur eine Falschberatung sein Netzwerk an Kunden gefährden, denn wir reden über gute Dinge, aber wieviel mehr reden wir oft darüber, wenn etwas Schlechtes passiert! Fragt dein Coach nach einer Empfehlung, nach jemandem, dem du diese qualitativen Beratungen auch gönnst, dann schützt er damit indirekt dich und erhöht seine Verantwortung immer das Beste zu geben und dich so zu beraten, wie er sich beraten würde!

Und was ist der zweite Grund? Hast du einen Berater, der dich nicht fragt, wem du dies auch noch gönnst, dann such dir einen anderen, denn dieser Coach will dann anscheinend nicht wachsen, will dann wohl nicht, dass du bekannt machst, wie gut er ist. Was ist das dann für ein Finanzcoach? Willst du mit einem solchen arbeiten? Nein, empfehle ihn wie verrückt, löse jede Frage, die dich daran hindert, empfehle ihn vielleicht mit diesem Buch!

Dein Finanzcoach braucht dann übrigens auch keine Zusatzhonorare oder Zusatzkosten einzuführen, denn er und sein Unternehmen wachsen ja dann eh! Geht es dann dir und deinen Liebsten gut, dann geht es ihm auch als Unternehmer gut und das hat er dann auch verdient.

Fragt dein Finanzcoach nicht danach,

wem du solche Beratung noch gönnst,

dann suche dir einen anderen!

Fragen:

1. Was hast du alles bereits an andere Menschen empfohlen? (z.B. Restaurants, Bücher, Filme…)

2. Wie muss dein Finanzcoach sein, damit du von ihm begeistert deinen Liebsten und Freunden erzählst?

3. Wieso bedeutet eine Weiterempfehlung deines Coaches für dich Sicherheit?

10

Online und offline

Grund Nummer 10:

Online und offline

Dieser Grund ist heute oft schon so natürlich, dass er wahrscheinlich in zukünftigen Auflagen entfallen kann. Dein Coach ist für dich präsent! Du solltest ihn kennen, mit ihm an einem Tisch sitzen; da bekommst du mehr von ihm und seiner Art mit, und er lernt dich besser kennen! Alternativ geht heute vieles auch online. Ein guter Finanzcoach bietet dir Lösungen für Gespräche sowohl online als auch offline an. In Zeiten von Teams und Zoom etc. ist dies kein Thema mehr.

Zudem kann dein Coach dir online direkt Seiten, Belege und Berechnungen zeigen. Auch auf seiner Homepage findest du meist viel echten Inhalt zu Themen. Gezielte Mailings informieren dich zu deinen Themen. Häufig kannst du bereits benutzerfreundlich online Vertragsentscheidungen per Fernunterschrift gegenzeichnen. Gerade in einer Welt mit Pandemien und in der Berufswechsel oft Ortswechsel mit sich bringen, ist die Flexibilität und Erreichbarkeit hier entscheidend. Ein Coach gibt dir auch online Einblick in deine Daten, erstellt eine digitale Finanzanalyse und coacht dich passend zu deinem Wunsch und technischem Wissen. Zudem erspart das Online-Angebot oft die längere Anfahrt zu deinem Finanzcoach und ist so häufig effektiver. Wie gut man Grafiken, Entwicklungen, Berechnungen und Verweise zu Börsendaten online zeigen kann, wenn digital eine Möglichkeit besteht. Dass du dazu nach deiner Beratung eine eigene App mit deinen Daten bekommst, und das nicht nur fürs Banking, ist heute schon üblich und lässt dich auch unterwegs den Überblick behalten.

Die Faustregel hier ist: Höre auf dein Bauchgefühl! Lerne den Coach kennen, dann nutze alle Wege der Kommunikation. Doch Achtung: Bei manchen Anlageprodukten solltest du dich persönlich mit deinem Coach treffen. Er wird dich darauf hinweisen, soweit dies rechtlich wesentlich ist. Die digitale Übermittlung von Daten mit hoher Sicherheit sollte ebenfalls ein Standard sein, den du verdient hast.

Arbeitet ein Coach nur digital oder stattdessen nur in seinem Büro, würde ich genauer überlegen, ob ich das möchte. Die Kombination ist entscheidend und zeigt auch hier die Kompetenz deines Beraters!

Flexibilität und digitale Erreichbarkeit

sind heute Standard!

Fragen:

1. Wenn du deinen Finanzcoach kennenlernst, wie möchtest du dies? Was schafft das meiste Vertrauen? Ein Treffen in seinem Büro, bei dir zu Hause oder online?

____

____

____

2. Wenn du dir vorstellst, nun schon einige Zeit mit einem Finanzcoach zu arbeiten, wäre es dir wichtig, ihn auch schnell online erreichen zu können?

____

____

____

3. Wenn du gecoacht wirst, möchtest du dann alles wissen, jedes Detail sehen, oder reicht es dir, einen Einblick zu bekommen und wenn dein Coach sich auf die wesentlichen Vorteile für dich konzentriert?

____

____

____

11

Weil es immer noch mehr gibt

Grund Nummer 11:

Weil es immer noch mehr gibt

Vielleicht denkst du, ein Finanzcoach und Vermögensberater will dir doch nur etwas verkaufen. Da macht dich jemand neugierig, erfasst deine Daten, um im Hintergrund nur schnell herauszufinden, wo er dir noch irgendwie irgendetwas verkaufen kann. Ja, das gibt es leider wirklich! Und bei vielen Banken und Versicherungen kann es mit Verkaufsdruck bei den Angestellten leider auch so laufen. Doch auch hier wieder: Lass dich nicht durch solche Berater beraten, sondern nimm einen Finanzcoach mit klarer Strategie in seiner Arbeit und echtem Interesse an dir. In einem Ersttermin stellt er dir die Arbeitsweise vor und dann folgt eine Analyse. Hier wird klar besprochen, wo du gerade stehst, oft wo du und deine Liebsten gerade stehen, dann folgt ein intensiver Dialog über deine Ziele und Wünsche und deine Erfahrungen. Gerade in diesem Gespräch merkst du, ob der Finanzcoach sich wirklich für dich interessiert und sich in deine Lebenssituation hineinversetzen möchte. Wie kannst du das beurteilen? Verlass dich auf dein Bauchgefühl im Dialog und sonst nimm einen kritischen Freund oder ein kritisches Familienmitglied mit zum Termin. Lebst du mit einem geliebten Menschen zusammen, dann nimm diesen Menschen auf jeden Fall bei den Terminen dazu, denn finanzielle Dinge regelt ihr ja eh zusammen. Lebst du noch bei den Eltern, gehört mindestens ein Elternteil mit an den Tisch. Das ist keine Schwäche, es ist Stärke, dass du achtsam und verantwortungsvoll mit deinem Geld umgehst und deinen Coach gut auswählst, denn schließlich willst du ja einen Berater, mit dem du auch langfristig arbeiten kannst und dem du vertrauen kannst!

Ein guter Finanzcoach verkauft dir kein Produkt und verschwindet dann einfach. Du bekommst Coaching für deine Haltung zum Thema Geld, erfährst, wie Profis jeden Tag mit Geld umgehen, ihr entwickelt eine Strategie für mehr Freiheit und Sicherheit. Gemeinsam wird geschaut, was vorhersehbar und planbar ist und wie man sich bei unvorhergesehenen Situationen richtig verhalten kann. Zu oft bauen wir im Leben etwas auf und reißen es in schlechten Zeiten wieder ein. Ein Finanzcoach hilft dir, dass du eine Strategie hast, die dich trägt, wenn es gut und auch wenn es mal nicht so gut läuft. Und alleine dieses Coaching bei Finanzen, um deine Lebensqualität zu steigern und zu sichern, ist Gold wert. Da braucht es den Blick von außen! 80 bis 90% der Dienstleistung haben oft gar nichts mit Produkten zu tun, es sind professionelle Tipps und Mehrwerte, die ich hier nicht alle verraten will und die auch individuell sind, aber es gibt immer wieder mehr! Jährlich kommt dazu dann ein TÜV-Termin, ein Termin für die Aktualisierung deiner Daten abgestimmt auf deine Lebenssituation. TÜV bedeutet dann tatsächliche Überprüfung deines Vermögens bzw. deiner Verträge, wie es mein geschätzter Kollege Matthias Schlicht vorbildlich ausdrückt.

Und hier könnte noch so vieles genannt werden, Subventionen vom Staat, steuerliche Vorteile, Haushaltsoptimierung - Begriffe, die sich in deiner Beratung mit Leben und mehr Geld im Portemonnaie abbilden.

Nutze dieses MEHR, weil du es dir wert bist!

Du verdienst mehr

und es ist mehr möglich!

Fragen:

1. Warum denkst du, haben manche Menschen bei gleichem Einkommen immer wieder Geld und wachsendes Vermögen, während andere immer nur Null haben oder Schulden machen?

2. In welchen Bereichen beim Thema Finanzen und Geld vermutest du, dass es mehr Möglichkeiten und mehr für dich gibt?

3. Welche Fragen zum Thema Geld wolltest du eigentlich schon lange klären und hast sie bisher in deinem Alltag noch nicht wirklich zu Ende gedacht?

12

Weil du eine neue Leidenschaft und eine berufliche Chance entdecken kannst

Grund Nummer 12:

Weil du eine neue Leidenschaft und eine berufliche Chance entdecken kannst

Stell dir vor, du hast deine Finanzen im Griff, deine Lebensqualität steigt und obwohl du vielleicht gar nicht so der Zahlenmensch bist, hast du Freude daran, wie sich deine Ziele entwickeln. Stell dir vor, du hast Spaß an deinen Finanzen! Könnte es dann nicht sogar sein, dass du dies mit anderen teilen möchtest? Nicht nur, indem du gibst oder spendest, sondern indem du auch andere informieren möchtest, wie dies gelingen kann!

Wusstest du, dass du deinen Finanzcoach nebenberuflich unterstützen kannst? Wie würde sich dann deine eigene Finanzsituation und dein Wissen um Finanzen steigern? Wie ändert sich dein Leben mit einer Nebentätigkeit als Assistent der Vermögensberatung, wenn du nur 500 bis 1000 Euro mehr im Monat hättest? Wie sehr ändert sich dann die Lebensqualität für dich und deine Liebsten? Und ja, die Zahlenbeispiele sind inflationär, doch ab welchem Zusatzeinkommen wird sich deine Lebensqualität merklich verbessern?

Ich dachte immer, gute Vermögensberater müssen schon vorher in der Branche gearbeitet haben oder zumindest BWL studiert haben. Weit gefehlt! Die meisten und oft auch besten Finanzcoaches sind Quereinsteiger in der Branche. Manche kommen sicher auch aus der Branche, aber viele sind zuerst selbst gecoacht worden, haben die Vision verstanden und werden selbst Teil davon! Was ist die Vision deines Vermögensberaters? Menschen helfen und dienen, dass es ihnen finanziell gut geht!

Hier möchte ich kurz meine Geschichte erzählen, wenn ich darf. Ich war Geschäftsführer einer GmbH, war gefühlt oft schlecht beraten bei Finanzen und traf dann auf meinen Vermögensberater. Zum ersten Mal verstand ich richtig, was es bedeutet, verantwortungsvoll und pfiffig mit Geld umzugehen. Ich wurde nicht nur sein Kunde und er mein Coach, ich empfahl ihn an meine Freunde und Bekannten, denn warum sollte ich das nicht teilen? Schließlich fragte er mich, ob ich ihm nicht helfen wolle und ich entschied mich für eine Assistenz in der Vermögensberatung. Dann machte es einfach nur Spaß! Ich konnte mich entwickeln, Menschen unterstützen (ich sage oft dienen, weil Verdienen von Dienen kommt und dies beschreibt die Haltung noch stärker und demütiger) und mir ein zweites Standbein aufbauen. Nach knapp einem Jahr war es so weit: Ich tat einen Schritt, den ich zuvor nie für möglich gehalten hätte. Ich kündigte als Geschäftsführer und wechselte komplett in die Vermögensberatung! Nun wusste ich, es funktioniert und ich hatte endlich etwas gefunden, was nicht nur der gelernte Weg und die Empfehlung meiner Eltern war, sondern nun wurde mein Beruf immer mehr zur Berufung! Hätte man mir damals erzählt, was daraus werden würde, ein Unternehmen mit über 1500 Mandanten, die Freude so vielen Menschen zu helfen und ein Team an Beratern, ich hätte es nicht für möglich gehalten. Das alles begann schon 1997 und seitdem ist der Bedarf im Markt immer größer geworden!

Mein Opa lernte einen Beruf und übte ihn ein Leben lang aus, mein Vater lernte dann schon drei Berufe. Heute sind berufliche Veränderungen und der Wegfall ganzer Berufsfelder zur Normalität geworden. Wie wäre es, du informierst dich nicht nur zu deinen Finanzen, sondern schaust auch einmal, was du in diesem Bereich beruflich erreichen kannst? Geld ist und wird immer ein Thema sein! Menschen suchen hier Lösungen und der Markt für gute

Vermögensberater wächst täglich mehr! Eine sichere Wachstumsbranche mit enormem Bedarf an Beratern. Also schau einmal genauer hin! Lass dich coachen und vielleicht entwickelt sich sogar ein Weg, der deine berufliche Zukunft verändert. Heute ist Offenheit für Chancen mehr gefragt denn je und heutzutage sind 90% der Trainer im Bereich Finanzen zuvor einfach einmal selbst gut beraten worden und haben dann nachfolgend darin einen Beruf mit Sinn und Spaß gefunden, andere Menschen zu fördern!

Extratipp: Schau dir an, wie professionell dein Berater und dessen Umfeld dich coachen können! Dich bei Finanzen zu coachen oder als Trainer für ein ergänzendes oder neues Berufsbild zu coachen, erfordert unterschiedliche Qualifikationen. Wähle Dein Ausbildungsumfeld weise. Aber schaue es dir zuerst einmal an, vielleicht auch nur um das Berufsbild weiter zu empfehlen, denn gerade heute ist der Bedarf an Beratern riesig! Wie genau du selbst das angehst, besprichst du dann. Es geht als nebenberuflicher Quereinstieg, Ausbildung, Studium und natürlich als Berufswechsel für Mitarbeiter aus der Branche.

Verdienen kommt von Dienen,

Beruf von Berufung!

Fragen:

1. Wenn Du Deinen jetzigen Beruf beurteilst, welche Note von 1 bis 6 würdest Du Dir geben? Wieso?

2. Wenn Du nur zwei Dinge an Deiner Arbeitsstelle ändern könntest, welche wären es? Wieso ist Dir das so wichtig?

3. Wie gehst Du mit einer beruflichen Chance um, wenn Du diese erkennst? Wärst Du auch für eine ganz andere Tätigkeit ergänzend oder alternativ bereit? Woran überhaupt erkennst Du eine solche Chance?

Der richtige Zeitpunkt

So hast du nun 12 Gründe für einen Finanzcoach und vor allem, dich um deine Finanzen auf einem höheren Level zu kümmern! Meinen Glückwunsch!

Und gerade jetzt geht es um nur ein kleines Wort: TUN! Suche und buche einen Finanzcoach! Tue es jetzt, oder buche jetzt einen Termin in deinem Kalender, um dir einen echten Profi zu suchen. Vielleicht hat dir aber sogar jemand mit einer konkreten Empfehlung genau dieses Buch gegeben.

"Aber gerade habe ich so viel zu tun!" "Ich muss erst alle Unterlagen sortieren!" "Ich bin unsicher, ob es die Erwartungen erfüllt." "Nach dem Urlaub, dann habe ich den Kopf freier!"

Darf ich einen letzten Tipp geben? Warte nicht! Lass lieber deinen Finanzcoach später warten! Zu oft hätte man früh genug die Weichen noch stellen können, vor dieser Krankheit, vor dieser Kostenanpassung usw. Lass dich zeitnah coachen und nimm dir lieber danach die Zeit, in Ruhe zu entscheiden. Dein Finanzcoach wird dein Tempo mit dir gehen!

Er weiß, was wesentlich ist und du findest es aktuell noch zu früh, weil die Baufinanzierung ja noch läuft, die Einkünfte sich ja noch ändern.... Oft ein fataler Fehler! Führe zeitnah ein Erstgespräch und schaue dann weiter. Wenn du das tust, kann ich nur gratulieren, wenn nicht, dann würde ich wetten, du hast noch manche Frage in diesem Buch nicht beantwortet.

Ist Geld und Finanzen alles im Leben? Nein, aber ohne Geld ist fast alles nichts. Heute beginnt deine Reise zur Steigerung und Sicherung deiner Lebensqualität und Freiheit!

Dank

Mein Dank für alle Unterstützung zu diesem Buch gilt meiner Familie, die mich trotz oft gefüllten Tagen unterstützt hat, besonders meiner Frau Angela, die immer an mich geglaubt hat, auch in Phasen, wo mein eigenes Unternehmen Höhen und Tiefen durchlief. Du bist so einzigartig!

Weiterhin danke ich allen, die dieses Buch im Vorfeld gelesen, korrigiert und bearbeitet haben, damit meine Leser es heute in der Hand halten können.

Danke an meine Förderer, die mich seit 1997 als Finanzcoach unterstützt haben! Ohne euch wäre ich nicht da, wo ich heute bin. Meine Direktionsleiter Harald Kux und Ralf Weerts, meinen Coach Dieter Blum, meine Förderer Matthias Schlicht, Jörn Schuch, Matthias Witteck, Jan Borchert und Erwin Langenegger, danke für die vielen Impulse, durch die ihr bis heute mehr bewirkt habt und bewirkt, als ihr vermutet. Danke allen Kolleginnen und Kollegen, deren Namen hier auch genannt werden sollten, für den wertvollen Austausch, teilweise über Jahre. Das könnte ein eigenes Buch füllen und ich kann nicht jeden benennen, auch wenn ich dies gerne tun würde.

Danke an all meine Kunden, die mich durch ihr Vertrauen und ihre Offenheit als Unternehmer unterstützt und gefördert haben! Ohne euer Vertrauen gäbe es dieses Buch nicht!

Ich danke allen, die dieses Buch als Finanzcoach, Vermögensberater, Trainer einsetzen, um anderen Menschen eine Beratung zu ermöglichen! Wir haben einen Auftrag, gerade in der heutigen Zeit, Wege für eine wirklich kundenorientierte Beratung zu zeigen. Du unterstützt dies durch die Weitergabe dieses Buches!

Nicht zuletzt geht mein Dank an dich als Leser dieses Buches: Danke, dass du dich und deine Finanzen ernst nimmst und überlegt einen Coach auswählst! Nun hast du die Klarheit, die du für deinen weiteren Weg brauchst!

Danke, wenn du dieses Buch verschenkst - nicht deines mit deinen Notizen, ein weiteres - es gehört in die Hände deiner liebsten Freunde, Familie, Verwandten und all jener Millionen Menschen, die bisher noch keine finanzielle Freiheit und Sicherheit erreicht haben!

Gutschein

Wenn du dieses Buch von einem Profi geschenkt bekommen hast, so ist dies hier zugleich dein Gutschein für eine kostenfreie Erstberatung inklusive Analyse deiner Situation!

Hier findest du seine Kontaktdaten! Lege einfach dieses Buch bei ihm auf den Tisch und steige in dein Erstgespräch mit ihm ein!

Dein Finanzcoach:

Du brauchst Hilfe beim Finden eines Vermögensberaters? Natürlich helfen wir auch gerne weiter und du findest mich unter www.Hartmut-Noll.dvag. Hier kannst du auch uns online buchen in der Rubrik "Fragen zum Buch". Wir behalten uns vor, Termine zu Anfragen anzunehmen oder abzulehnen. Doch Achtung: Deinen Finanzcoach findest du mit diesem Buch auch regional, ich trete nicht in Konkurrenz zu Kolleginnen und Kollegen und stehe nicht zur Verfügung, wenn du bereits einen Coach hast oder ein solcher dir dieses Buch übergeben hat oder dir anderweitig schon empfohlen wurde.

Es gibt viele Beraterinnen und Berater, die ebenso professionell oder sogar besser arbeiten, als ich es leisten kann.

Der Autor

Hartmut Noll - Ein Experte für finanzielle Freiheit und Sicherheit

Hartmut Noll, ehemaliger Geschäftsführer eines mittelständischen Unternehmens im Energiesektor, ist ein renommierter Autor und Berater auf dem Gebiet der Finanzen. Mit seiner langjährigen Erfahrung und umfangreichen Kenntnissen hat er sich einen Namen als Experte für finanzielle Freiheit und Sicherheit gemacht.

Parallel zu seiner Tätigkeit als Geschäftsführer arbeitete Hartmut Noll als Trainer für Führungskräfte eines der größten deutschen Verbände. Sein Studium der internationalen Theologie mit Fokus auf menschliches Verhalten ermöglichte es ihm, ein tiefgreifendes Verständnis für die Dynamik der menschlichen Psyche zu entwickeln.

Vor mehr als 26 Jahren gründete Hartmut Noll sein eigenes Unternehmen in Zusammenarbeit mit dem Marktführer Deutsche Vermögensberatung. Sein Ziel war es, Menschen dabei zu helfen, finanzielle Freiheit und Sicherheit zu erlangen. Um seine Expertise weiter auszubauen, absolvierte er erfolgreich die Zertifizierung der IHK und des Deutschen Berufsbildungswerks für Vermögensberatung und ist heute selbst als Dozent in diesen Bereichen tätig.

Durch intensive Fortbildungen in Europa und den USA im Bereich Investment, Neuro-Linguistisches Programmieren (NLP) und als Speaker erweiterte Hartmut Noll seine Kenntnisse im Bereich Führung, Persönlichkeitsentwicklung und Finanzberatung. Diese

Zusatzqualifikationen ermöglichen es ihm, seinen Klienten einen ganzheitlichen Ansatz zur Erreichung ihrer finanziellen Ziele zu bieten.

Hartmut Noll betreut bundesweit rund 1.500 Mandanten. Dank seiner Fachkompetenz und exzellenten Leistungen konnte er sich einen Platz unter den Top-Finanzexperten in Deutschland sichern.

Sein Anliegen war und ist es bis heute, dass viele Menschen sich beim Thema Finanzen professionell coachen lassen und jeden Tag finanziell freier und sicherer aufgestellt sind.

ISBN 978-3-7575-8495-5
9 783757 584955 00001
www.epubli.com